Histoire et philosophie de l'art

HENRI BLAZE DE BURY

Revue des Deux Mondes, tome 1, 1834

TABLE DES MATIERES

MICHEL-ANGE

I

Michel-Ange, né le 6 mars 1474, au château de Caprese, dans le territoire d'Arezzo descendait de l'ancienne et illustre maison des comtes de Canossa. Son père, Louis Léonard Buonarroti Simoni, était podestat de Caprese et de Chiusi, et vivait mesquinement de son emploi, sans essayer d'agrandir sa fortune par une industrie qui aurait terni l'éclat de son nom.

On se tromperait singulièrement en rapportant à l'orgueil cette personnalité précoce, cette indépendance prématurée, à ce qu'il semble. Il aurait obéi sans réserve aux leçons de Ghirlandaio, s'il avait trouvé en lui ce qu'il cherchait avidement, la perfection et l'idéal de l'art. Aussi le vit-on, très assidu dans la célèbre chapelle del Carmine, dessiner à plusieurs reprises les peintures de Masaccio, consultées aussi par Raphaël.

L'envie et la haine ne manquèrent pas à l'élève de Ghirlandaio. Un de ses rivaux, Torregiani, se prit un jour de querelle avec lui et se vengea cruellement, en lui assenant sur le visage un coup de poing qui lui fracassa le nez et le défigura pour la vie. Torregiani fut exilé de Florence.

A cette époque, Laurent-le-Magnifique conçut le projet d'une école de sculpture. Il appela auprès de lui le jeune Michel-Ange, l'admit à sa table, lui donna un logement dans son palais. Cette protection toute paternelle permit enfin au jeune Buonarroti de cultiver librement un art pour lequel il avait toujours eu une prédilection marquée, et dont il avait sucé l'amour avec le lait comme il se plaisait à le répéter. Sa nourrice était la femme un sculpteur.

Le spectacle familier des chefs-d'oeuvre de la statuaire antique, la société et la conversation des artistes et des savans les plus distingués, contribuèrent activement à développer chez Michel-Ange le goût des belles et grandes choses. Il trouva surtout dans l'érudition inépuisable d'Ange Politien une source féconde de réflexions et de souvenirs, et suppléa de cette sorte à l'insuffisance de ses premières études littéraires.

La mort de Laurent surprit Michel-Ange au milieu de ses travaux. Pierre de Medici ne recueillit que l'héritage de son père, mais ne montra pas pour les arts le même goût et la même intelligence. Il ne voyait dans les grands hommes réunis à sa cour qu'un délassement à ses occupations politiques et rien de plus. Un trait suffira pour le juger. Il était tombé à Florence une neige abondante, le duc eut la fantaisie d'employer Michel-Ange pendant une partie de l'hiver à lui faire des statues de neige. Il répétait à qui voulait l'entendre qu'il avait à sa cour deux hommes rares et prodigieux Michel-Ange, et un coureur espagnol qui dépassait de vitesse le meilleur cheval de ses écuries.

Heureusement un homme éclairé, le prieur de l'église du St.-Esprit, commanda au jeune sculpteur un crucifix en bois, lui offrit un logement dans le couvent, et lui procura le moyen d'étudier l'anatomie humaine. Michel-Ange ne se laissa rebuter par aucun des détails de la science. Il comprit la nécessité de disséquer et de voir sur la nature même ce qu'il voulait apprendre, et ne voulut pas s'en fier aux livres et aux gravures; et bien lui en prit, car il a dû à ses connaissances myologiques la meilleure partie de son étonnante supériorité dans la statuaire et la peinture.

Retiré à Venise, où il ne trouvait pas à s'employer, il partit pour Bologne et y sculpta le tombeau de saint Dominique, la figure de saint Pétrone, et un ange qui tient un candélabre. - Il avait alors vingt ans environ.

De retour à Florence, où le calme s'était rétabli, il fit un Cupidon endormi qu'il enterra et vendit pour antique au cardinal Saint-George. L'acheteur, ayant découvert la supercherie, s'entêta ridiculement à ne pas payer le prix convenu et céda son marché au duc Valentin qui fit présent du morceau à la marquise de Mantoue. Le cardinal avait envoyé à Florence un de ses gentilshommes chargé de découvrir celui qui l'avait mystifié. Michel-Ange se trahit volontairement en dessinant à la plume une main devenue célèbre par la hardiesse et la pureté du trait, témoignant ainsi par cette improvisation inattendue qu'il était seul capable de lutter avec l'antique. Le gentilhomme lui proposa de le conduire à Rome chez le cardinal. L'artiste accepta, mais se repentit bientôt de son consentement.

Ce fut dans ce premier voyage à Rome qu'il fit son Bacchus, transporté depuis à Florence; le cardinal de Saint-Denis lui demanda une Notre-Dame-de-Pitié, l'un de ses plus beaux ouvrages, qui se voit aujourd'hui à Saint-Pierre, sur l'autel du crucifix. Ce groupe devenu fameux n'était pas signé du nom de Michel-Ange. L'artiste fut un jour témoin d'une méprise douloureuse pour sa fierté; la nuit suivante il grava son nom sur la ceinture de la vierge.

Ni Vasari ni Condivi n'expliquent d'une façon satisfaisante ces brusques lacunes dans la vie jusque-là si pleine de Michel-Ange. Ils attribuent cette longue oisiveté à des circonstances purement extérieures; les travaux lui auraient manqué. Pour un artiste médiocre, l'excuse pourrait être acceptée; mais le nom de Buonarroti remplissait déjà l'Italie, et le marbre, en sortant de ses mains, était sûr de prendre place dans une église ou un palais.

Ne faut-il pas croire simplement que Michel-Ange, par une singularité commune aux plus grands génies, en était venu à douter de lui-même, à se défier de sa puissance et de sa volonté ? Ne s'est-il pas rencontré souvent dans la destinée des grands capitaines et des poètes des maladies de ce genre ? Il suffit d'avoir pratiqué pendant quelques années la société familière des caractères éminens et des vigoureux esprits pour s'arrêter à cette interprétation. Il n'y a que les sots qui ne doutent jamais d'eux-mêmes, et parmi les grands hommes ceux qui affirment sans relâche ne sont le plus souvent que des charlatans intéressés qui s'étourdissent du bruit de leurs mensonges.

Buonarroti partit pour Carrare afin de présider lui-même à l'extraction du marbre. Les blocs, amenés à Rome, surprirent tout le monde par leur masse prodigieuse.

Une si haute faveur et la fortune glorieuse qui semblait s'offrir à l'élève de Ghirlandaio réveillèrent l'envie et l'animosité de ses ennemis. Bramante surtout fut cruellement blessé de la décision du pape. Il n'était pas seulement jaloux du mérite de Michel-Ange. Il craignait aussi la censure de son austère probité. Pour suffire à ses prodigalités désordonnées, il s'était rendu coupable de malversations scandaleuses. Plusieurs fois il avait été forcé d'étayer des constructions commencées depuis quelques mois à peine. Il employait à ses travaux des matériaux de mauvaise qualité. Après avoir inutilement suscité des obstacles sans nombre à celui qui menaçait de lui ravir l'amitié de Jules II, il finit par insinuer que ce projet de monument était de mauvais augure pour la longévité de S. S. Il réussit à refroidir le pape. Michel-Ange s'en aperçut bientôt. Un jour qu'il était allé demander à son protecteur le remboursement d'une somme avancée par lui pour le transport de ses marbres, il ne fut pas reçu. Sur le champ il retourne chez lui, ordonne à son domestique de vendre ses meubles et part pour Florence. Jules II se trouvait alors à Bologne. Soderini fut chargé de présenter au pape l'artiste repentant. Au lieu de venir à nous, lui dit Jules en colère, tu as attendu que nous allions au-devant de toi. Michel-Ange s'excusait de son mieux, lorsqu'un des évêques présens à l'audience entreprit sa justification, en remontrant au pape que les artistes étaient d'ordinaire mal élevés, ignorans des convenances, étrangers aux habitudes d'une société délicate et choisie. - Taisez-vous, lui dit Jules en le frappant de sa béquille, je vous trouve hardi de faire à un pareil homme, en notre présence, des reproches qui sont loin de notre pensée. Ignorant vous-même, maladroit, sortez à l'instant. Pour témoigner à Michel-Ange son oubli du passé, Jules II lui commanda sa statue colossale en bronze qui devait être placée au frontispice de St.-Petrone de Bologne.

Que lui mettrons-nous dans cette main ? demanda l'artiste au pape qui était venu voir le modèle. Un livre ? - Non pas; une épée plutôt. Je la sais mieux manier. Et que fait cette main ? Bénit-elle ? Maudit-elle ? - Elle menace Bologne et l'avertit de vous être fidèle.

La statue fut achevée. Mais les Bentivogli rentrèrent à Bologne et le peuple renversa l'image victorieuse. Le duc de Ferrare, Alphonse d'Est, acheta le bronze et en fit une pièce d'artillerie qu'il nomma la Julienne. La tête seule fut conservée.

Comme il ignorait le travail de la fresque, il se défendit longtemps d'accepter la décoration de la chapelle sixtine. Enfin, il se rendit aux sollicitations du pape et fit venir de Florence les meilleurs peintres de fresques pour apprendre la pratique du métier, et, s'il en était besoin, pour les appeler à son aide. Mais à peine les eut-il mis à l'oeuvre, qu'il conçut pour leur insuffisance un mépris sans réserve et les congédia sur-le-champ. Il s'enferma et crut pouvoir travailler seul. Arrivé à moitié du premier tableau, toute la peinture se couvrit d'une croûte épaisse. Michel-Ange allait renoncer, lorsque San-Gallo, envoyé par Jules II, reconnut que l'enduit qui servait de fond était trop détrempé et fit refaire sur le mur une préparation plus convenable.

Rassuré désormais sur le succès de son entreprise, Michel-Ange rompit brusquement avec tous ses amis; il s'enferma seul avec son génie, couchant tout habillé, dormant à peine quelques heures, ne se fiant qu'à lui-même de la préparation de ses couleurs, ne permettant qu'à grand'peine à Jules II d'assister à ses travaux. Un jour même on assure que, furieux d'être interrompu par le pape, il jeta du haut de son échafaud, sur les dalles de l'église, une planche qui tomba au pied du visiteur importun et le couvrit de poussière. Mais Jules II savait pardonner à la colère de l'artiste inspiré.

Bramante, pendant l'absence de Michel-Ange, introduisit furtivement Raphaël, qui profita de cette leçon pour agrandir son style.

Comblé d'applaudissemens et de faveurs, Buonarroti sollicita inutilement la permission d'aller faire à Florence la statue de saint Jean-Baptiste, et reprit le travail du Mausolée, que la mort de Jules II interrompit bientôt.

Léon X, voulant doter sa ville natale d'un monument qui put consacrer sa mémoire, chargea Michel-Ange de bâtir la façade de l'église de Saint-Laurent. Le projet avait été mis au concours, et Michel-Ange l'avait emporté sur Baccio d'Agnolo, Antoine San-Gallo, André et Jacques Sansovino et Raphaël. Il exécuta sur-le-champ un modèle en bois, conservé encore aujourd'hui dans la bibliothèque des Medici. Il avait été chercher à Carrare les marbres dont il avait besoin, quand Léon X apprit qu'on trouvait à Saravezza des marbres de même qualité. Michel-Ange reçut l'ordre de surveiller lui-même cette nouvelle exploitation, qui dévora plusieurs années; les fondemens seuls de l'édifice furent achevés; la mort de Léon X arrêta l'exécution du projet.

Sous le pontificat d'Adrien VI, il reprit le Mausolée de Jules II, et fit quelques travaux d'architecture.

Clément VII, avant son avènement, lui avait demandé pour Florence la bibliothèque de Saint-Laurent et une chapelle sépulcrale pour ses ancêtres dans l'église de ce nom. Il voulut aussi l'employer à Rome. Mais Michel-Ange, après avoir réglé avec le duc d'Urbin, neveu de Jules II, les comptes du Mausolée de son oncle, reprit le chemin de Florence pour achever la bibliothèque et la chapelle, deux de ses meilleurs ouvrages. Avant de quitter Rome, il fit placer dans l'église de la Minerve la statue du Christ embrassant la croix.

Florence fut prise. La famille des Medici rentra dans la ville. Michel-Ange, réfugié à Venise pendant quelques semaines, revint à Florence, et se cacha dans la maison d'un ami. Clément VII lui pardonna et le pria d'achever la chapelle de sa famille. L'artiste avait projeté quatre mausolées, mais la dépense ayant été réduite, il n'acheva que ceux de Laurent et de Julien. Les plus célèbres des statues qui font partie de ces deux monumens sont celle de Laurent, connue sous le nom de il pensieroso, et une figure allégorique de la Nuit. Un jour Michel-Ange trouva écrit au pied de cette dernière un quatrain dont voici le sens:

" Cette Nuit que tu vois dormant dans un si doux abandon, fut tirée du marbre par la main d'un ange. Elle est vivante, puisqu'elle dort; éveille-la, si tu en doutes, elle te parlera. "

Michel-Ange répondit au nom de la Nuit:

" Il m'est doux de dormir et d'être de marbre. Ne pas voir, ne pas sentir est un bonheur dans ces temps de bassesse et de honte. Ne m'éveille donc pas, je t'en conjure; parle bas. "

Cette protestation mélancolique témoigne assez du patriotisme de Michel-Ange, et révèle clairement ce qu'il pensait des maîtres de sa patrie.

Michel-Ange allait avoir soixante ans lorsqu'il commença le Jugement dernier. Il fit ses cartons et donna lui-même la première couche au mur de la chapelle. Jamais il n'avait eu tant d'ardeur et d'enthousiasme. Vers le milieu de son travail, le pape vint le voir. Il avait avec lui son maître des cérémonies, messire Blaise de Cesene, qui, ne comprenant rien à la confusion des damnés, se prit à dire que la vue de cette peinture était bonne tout au plus pour les tavernes et les mauvais lieux. A peine l'aristarque eut-il le dos tourné que Michel-Ange le peignit sous la figure de Minos avec des oreilles d'âne. Messire Blaise se plaignit au pape, qui se contenta de lui répondre: " Vous savez que j'ai tout pouvoir dans le ciel et sur la terre, mais je ne puis vous tirer de l'enfer; ainsi donc restez-y. "

Comme il approchait de la fin de son Jugement, il se laissa tomber d'un échafaud et se blessa grièvement à la jambe. Son humeur, habituellement sombre, s'aigrit tout à coup au point qu'il ne voulut parler à personne de sa blessure, et s'enferma, résolu à se laisser mourir. Baccio Rontini, son médecin et son ami, après avoir inutilement frappé à sa porte, parvint enfin jusqu'à lui par des détours sans nombre, et ne le décida qu'avec peine à prendre soin de lui-même.

Ce découragement, cette subite résolution de mourir s'expliquent, selon ses biographes, par la lecture habituelle des prophètes qu'il ne quittait plus depuis le commencement de son travail et qui remplissaient son ame d'images plaintives et désolées.

Tous les grands architectes étaient morts. Michel-Ange restait seul; le sénat n'hésita pas à lui confier les travaux du Capitole. Le palais des Conservateurs, l'une des ailes du Capitole, a été construit sur ses dessins.

Jules III, malgré les intrigues du parti de San-Gallo, le continua dans ses fonctions d'architecte de Saint-Pierre. Il lui confia aussi l'entreprise de sa villa, nommée Papa Giulio, et qui fut plus tard achevée par Vignole.

Florence et Rome se disputaient Michel-Ange. Le grand-duc le pressait de terminer la chapelle et la bibliothèque de Saint-Laurent. Le pape le retenait à Rome pour l'achèvement de Saint-Pierre. Buonarroti s'excusa auprès du grand-duc de Toscane sur les infirmités de sa vieillesse. Cependant, comme ses compatriotes voulaient élever dans la rue Giulia un temple en l'honneur de saint Jean des Florentins, il leur donna le choix entre cinq projets. Ils avaient préféré le plus riche, il leur dit avec une fierté naïve " Si vous l'exécutez, vous aurez un temple tel que les Grecs et les Romains n'en eurent jamais. "Malheureusement les fonds vinrent à manquer, et l'ouvrage ne fut pas terminé.

Comme il allait s'affaiblissant de jour en jour, il demanda un suppléant pour Saint-Pierre. L'intrigue fit nommer à cette place Nanni di Baccio Bigio, qui plusieurs fois déjà avait prouvé son incapacité. Michel-Ange, après l'avoir gourmandé sur un pont inutile que ce dernier avait fait construire pour le service de la coupole, alla trouver le pape, qui renvoya Nanni et nomma, pour suivre les travaux, Vignole et Pierre Ligorio.

Depuis quelque temps on prévoyait la fin de ce grand homme. Une fièvre lente lui annonça que sa mort ne tarderait pas. Il appela son neveu, Léonard Buonarroti, et lui dicta son testament en peu de mots. " Je laisse mon ame à Dieu, mon corps à la terre, mes biens à mes parens les plus proches. "Il mourut le 15 février 1564, à l'âge de quatre-vingt-dix ans. On le porta dans l'église des Saints-Apôtres, où le pape avait décidé que son tombeau serait placé, en attendant qu'il en eût un dans la basilique de Saint-Pierre. Le grand-duc de Florence fit déterrer secrètement le corps, qui fut transporté dans sa patrie. Un catafalque magnifique fut dressé dans l'église de Saint-Laurent, sépulture des grands-ducs. Benedetto Varchi prononça l'oraison funèbre. Le grand-duc fournit à Léonard Buonarroti tous les marbres nécessaires pour l'achèvement du mausolée projeté par Vasari. Trois sculpteurs florentins, Jean dell' Opera, Batiste Lorenzi et Valerio Cioli exécutèrent en ronde bosse, pour le sarcophage, les figures de l'Architecture, de la Peinture et de la Statuaire. Vasari couronna le monument par le buste de son maître.

Le palais Buonarroti, à Florence, toujours habité par les descendans de Michel-Ange, renferme une galerie où sont représentés, de la main des meilleurs maîtres de Florence, les principaux traits de la vie de cet homme illustre.

Vers la fin de sa vie il était tombé dans une mélancolie profonde, voici ce qu'il écrivait:

" Porté sur une barque fragile au milieu d'une mer orageuse, je termine le cours de ma vie; je touche au port où chacun vient rendre compte du bien et du mal qu'il a fait. Ah ! je reconnais bien que cet art, qui était l'idole et le tyran de mon imagination, la plongeait dans l'erreur.

" Pensers amoureux, imaginations vaines et douces, que deviendrez-vous maintenant que je m'approche de deux morts, l'une qui est certaine, l'autre qui me menace ? Non, la sculpture, la peinture ne peuvent suffire pour calmer une ame qui s'est tournée vers toi, ô mon Dieu, et que le feu de ton amour embrase. "

On sait les magnifiques pensées inspirées à l'un de nos poètes les plus vrais et les plus purs par la lecture de ce touchant sonnet; tout le monde a lu les pieux encouragemens donnés aux grands artistes qui doutent d'eux-mêmes et de l'avenir par l'auteur des " Consolations.

Redemandait-il à Dieu une ame généreuse et grande où se reposer de sa gloire ? Se plaignait-il, comme le législateur hébreu, de la solitude puissante et morne de son génie ? Ce bonheur qu'il appelait de ses voeux, n'était-ce pas de réfléchir, sur un nom qu'il n'osait rappeler, les splendides rayons de sa renommée ? Ah ! sans doute il ne se défiait pas de sa gloire, mais il se plaignait à Dieu d'être seul.

Dans ses fréquens accens de tristesse, il se plaisait à couvrir de dessins lugubres les marges de la Divine Comédie. Il suivait à la trace l'austère imagination d'Alighieri. Le temps nous a envié ces précieuses improvisations. L'exemplaire qu'il avait orné de ses compositions a péri malheureusement dans le naufrage d'un navire qui allait de Livourne à Cività-Vecchia.

Michel-Ange était recherché des grands, mais fuyait volontiers leur société; il compta parmi ses amis les plus illustres personnages de son temps, et surtout quelques-uns de ses élèves tels que Rosso, Daniel de Volterre, Pontormo, Vasari. Parfois il se plaisait dans la société d'artistes médiocres, comme Menighella et Topolino, faiseurs et vendeurs d'images.

A 85 ans, il perdit un fidèle serviteur, appelé Urbain, qu'il avait près de lui depuis le siège de Florence. Voici ce qu'il écrivait à Vasari en réponse aux consolations que son élève lui avait envoyées.

N'y a-t-il pas dans la pieuse tendresse qui éclate à chaque ligne de cette lettre une réponse victorieuse à ceux qui ont accusé Michel-Ange d'égoïsme et d'insociabilité ? Faut-il s'étonner s'il répugnait le plus souvent aux frivoles causeries et aux bourdonnemens tumultueux qui, de son temps comme aujourd'hui, s'appelaient le monde ?

II

C'est une chose éternellement regrettable que Michel-Ange n'ait pas réalisé le mausolée de Jules II, tel qu'il l'avait d'abord conçu. Ce que nous avons ressemble si peu à ce que nous aurions eu, qu'on ne peut trop maudire le duc d'Urbin et ses co-héritiers, qui, par leurs mesquines chicanes, ont arrêté l'exécution définitive et complète de ce magnifique projet.

Le mausolée devait offrir un massif quadrangulaire, orné de niches où auraient été des Victoires, décoré par des Termes faisant pilastres, auxquels eussent été adossées des figures de captifs. Il devait supporter un second massif plus étroit autour duquel eussent été placées des statues colossales de prophètes et de sibylles. Le tout devait être couronné, par retraites, d'une masse pyramidale où auraient trouvé place des bronzes et d'autres figures allégoriques.

Condivi et Vasari varient sur quelques détails de ce mausolée. Mais, d'après la description qu'ils en ont laissée, il est permis de croire que cette grande pensée littéralement réalisée eût été le chef-d'oeuvre de Michel-Ange; car la sculpture, il l'a dit en mainte occasion, était son art de prédilection: les beautés sans nombre qui se rencontrent dans la chapelle Sixtine et dans le Jugement dernier sont plutôt sculpturales que pittoresques.

N'est-il pas singulier que dans une carrière de soixante-dix ans toute remplie de travaux, de volontés persévérantes, d'études assidues, de veilles ardentes et courageuses, un homme, qui fut le premier artiste de son temps, n'ait pas trouvé moyen d'achever, de produire, et d'armer pour une vie durable une idée qui, pour sa conscience, exprimait à la fois la forme la plus exquise de la reconnaissance et de la beauté ? Il avait dû à Jules II sa première gloire; il voulait baptiser du nom de son bienfaiteur l'oeuvre la plus imposante de sa vie.

Misérables niaiseries que tout cela ! Michel-Ange n'a peut-être nommé ces figures que pour insulter aux gloseurs de son temps; il leur a donné, comme une énigme à résoudre, ce qui, pour lui-même, n'avait pas de sens arrêté. Il a sculpté, selon sa pensée, selon sa libre fantaisie, le marbre qu'il avait sous le ciseau. Pourquoi ces quatre figures plutôt que d'autres ? Je ne sais. Le savait-il lui-même ? Un souvenir, un rêve, en fallait-il davantage pour décider le sexe et l'âge, l'attitude et le geste des figures qu'il voulait ? Et quand il serait prouvé que les deux mausolées de Julien et de Laurent sont vraiment ornés de figures signifiant les quatre parties du jour, où serait l'intention du statuaire ?

Michel-Ange faisait-il allusion à l'éternité de la tristesse florentine ? mais sa réponse au quatrain gravé au-dessous de la Nuit ? Il ne faisait pas de ces deux morts, que le caprice de son ciseau a honorés d'un chef-d'oeuvre, une estime bien haute.

Pour moi, je me contente d'admirer et me soucie fort peu de pénétrer le symbole enveloppé sous ce marbre divin.

Le Bacchus et le David, ouvrages de la jeunesse de Michel-Ange, sont une sorte de transition entre ses études et la décision ultérieure de son génie. Une pietà, groupe religieux composé d'une Vierge et d'un Christ, a beaucoup occupé les beaux esprits de son temps. Le Christ mourant a réellement l'âge indiqué par ses biographes, et Marie, au dire des connaisseurs, était trop jeune pour avoir un fils de cet âge. Condivi nous a conservé une longue apologie qu'il tenait de la bouche même de Michel-Ange, et qui expliquerait par la chasteté la jeunesse surnaturelle de Marie. Je ne suis pas très sûr que Michel-Ange fût de bonne foi lorsqu'il se justifiait auprès de Condivi. Le Christ est arrivé en effet à la virilité, mais je ne vois pas pourquoi l'auteur eut pris sérieusement la peine d'autoriser cette fantaisie toute naturelle par un commentaire théologique auquel peut-être il n'avait jamais songé dix minutes avant d'en prononcer le premier mot. Cette pietà est, au reste, un de ses ouvrages les plus achevés.

Mais le chef d'oeuvre statuaire de Michel-Ange, ce qui le place dans l'art moderne au même rang que Phidias dans l'art antique, c'est la statue de Moïse, l'une de celles du tombeau de Jules II; des quarante figures projetées pour ce magnifique mausolée, il n'y a eu d'exécutées qu'une Victoire, qui est à Florence, deux captifs, que nous avons au musée d'Angoulême, et le Moïse qui se voit à Saint-Pierre-aux-Liens. J'ai vu de ce morceau un beau dessin rapporté de Rome, dans les cartons de M. Chaponnière.

Ce qui étonne surtout dans le Moïse, c'est la simplicité des moyens employés par l'artiste, c'est la vérité des ligues, l'attitude naïve du personnage. C'est un marbre qui pense, qui prévoit, qui se parle à lui-même, qui cherche parmi les flots confus des siècles évanouis la destinée des siècles à venir, qui épie l'ombre de sa pensée et s'y repose; c'est une urne qui n'est pas encore dieu, mais qui n'est plus homme; qui a connu la souffrance pour la comprendre et la secourir, mais qui a dû ignorer les passions et les misères de la vie commune. De ces orbites profonds, de ces paupières d'où le regard déborde et plonge si avant dans les choses qui ne sont pas encore, des larmes ont dû couler, mais des larmes généreuses et sympathiques. Moïse a pleuré, mais pleuré sur les plaies qu'il ne pouvait cicatriser. Si parfois il s'est agenouillé pour prier Dieu de le reprendre et de le rappeler à lui, il a bientôt rougi de cette faiblesse passagère. Il s'est relevé de cette invocation plus courageux et plus fort; il s'est promis de ne plus implorer le ciel que pour l'ignorance aveugle ou le vice entêté.

La tristesse empreinte sur ses traits n'est pas, comme chez les vieillards humains, le regret des facultés éteintes, la jalousie impuissante des joies qui échappent au sang attiédi, l'amère et injuste satire de la jeunesse agile qui demeure; non: c'est la science qui s'interroge, qui voudrait corriger les choses mauvaises et qui ne le peut; c'est le sage assis au port qui voit les voiles englouties sous l'écume blanchissante, qui fait signe au pilote égaré, et qui gémit sur l'inévitable naufrage; c'est le génie contemporain de plusieurs générations, qui espérait de jour en jour que les fautes des ancêtres, semées dans le malheur et la désolation, mûriraient, chez la postérité plus docile, en prévoyance et en piété, et qui s'afflige de son espoir déçu.

Où Michel-Ange a-t-il pris la divine figure de son Moïse ? où s'est-il inspiré ? Est-ce dans la lecture de l'Exode ? Mais comment s'est donc perdu le sens de ce beau livre ? Avec quels yeux, avec quelles pensées l'élève de Ghirlandaio lisait-il le Pentateuque ? Y avait-il dans sa vie un secret que nous ne savons pas ? Dans ses promenades solitaires, dans ses longues nuits sans sommeil, a-t-il eu des visions ignorées de son siècle, et qui lui apprenaient à le dominer ? Questions folles et sombres ! Études obscures et sans issue ! Il a vu de bonne heure que la vie réelle ne valait rien, il s'est retiré du bruit et des vaines paroles pour s'abriter dans les loisirs laborieux et les paisibles méditations; en se souvenant, il a deviné. Un jour, las de savoir, il a voulu, et sous sa volonté puissante le marbre est devenu Moïse, comme le gland devient chêne sous le soleil et la rosée.

J'ai dit que l'auteur de Moïse occupe dans la sculpture moderne le même rang que Phidias dans l'art antique. Tous deux en effet ont eu le bonheur singulier de résumer sous une forme idéale et complète les études ébauchées avant leur venue. Il y a vingt-deux siècles, la veille du jour où naquit Phidias, Egine, Argos et Sicyone avaient des écoles célèbres, et ces écoles avaient préparé le Parthenon. Au temps de Phidias, comme au temps de Michel Ange, l'imagination humaine attendait un génie prédestiné. Ageladas et Polyclète avaient joué le rôle de Luca et de Ghiberti; la sculpture éginetique a frayé la route à la sculpture athénienne, comme les portes du baptistère de Florence au mausolée de Jules II.

Parmi les oeuvres de Phidias, le Jupiter olympien, qui a péri dans les désastres du Bas-Empire, sans doute au commencement du XIIIe siècle, mais dont Rome possède une copie admirable, présente avec le Moïse plusieurs points de comparaison. Phidias s'est inspiré d'Isomère, comme Michel-Ange s'est inspiré de la Bible. Tous deux ont voulu produire, sous une forme achevée, la plus haute puissance de la pensée. Le dieu grec et le prophète hébreu, sortis de l'ivoire et du marbre, exprimaient un même dessein, une idée commune, le génie calme et contenu.

Mais Phidias procède par une méthode plus absolue et moins savante; il s'en tient aux plans généraux, aux grandes divisions du masque humain. Il possède admirablement la topographie du visage; il la pétrit puissamment, il la fait sienne; il la métamorphose et l'idéalise; il l'ennoblit et l'élève; il corrige et supprime toutes les réalités pauvres et mesquines; il efface, il creuse librement; en fouillant l'homme, il trouve Dieu.

Au premier aspect le masque du Jupiter est plus harmonieux et plus pur que celui de Moïse. Il est plus simple et paraît plus grand. Mais à mesure que le regard plus attentif surprend dans le marbre florentin toutes les richesses que l'artiste y a prodiguées, il s'étonne et saisit bientôt l'harmonie complexe, mais une, qui domine et rallie tous les parties de ce grand ouvrage. Les impressions successives, qui d'abord semblaient introduire dans l'effet de ce morceau une diversité discordante, finissent par se confondre dans une impression générale et grave; il y a plus à voir, mais on voit aussi bien.

Qu'on prenne aux mêmes époques une autre expression de la fantaisie, la poésie dramatique par exemple, Sophocle et Shakspeare; le poète de Stratford venait de naître comme le statuaire de Chiusi venait de mourir.

Eh bien ! la tragédie grecque ressemble à la tragédie anglaise, comme la sculpture grecque ressemble à la sculpture florentine. L'élégie mélodieuse suffit au théâtre d'Athènes; il faut à la cour d'Élisabeth des passions plus vives, plus savamment étudiées. Électre et Othello, c'est toujours le même chant, mais sur un clavier plus étendu, sur des touches plus sonores.

Les statues de Michel-Ange sont en petit nombre; nous devrions nous en étonner si ses biographes n'avaient pris soin de nous apprendre comment il travaillait le marbre. Rarement lui arrivait-il d'arrêter une esquisse qui put servir de modèle à son ciseau. Il ébauchait en cire l'attitude et le geste de son personnage, puis, sans plus de souci, il entamait le bloc hardiment, se fiant à lui-même pour trouver l'espace et la matière des mouvemens de sa figure. Souvent le marbre lui jouait de mauvais tours: les deux captifs que nous avons à Paris ne sont pas achevés. Parfois aussi l'impatience et le désappointement brisaient l'oeuvre commencée: c'est ainsi que nous avons perdu une pietà dont le marbre indocile trahissait la volonté de l'artiste.

Et je n'entends pas seulement parler des mouvemens musculaires si admirables dans ses deux captifs, ni des attitudes si vraies des figures allégoriques qui ornent les mausolées de Saint-Laurent; je comprends sous cette dénomination le Moïse et le Penseur, aussi bien que les figures que je viens d'indiquer.

Nous avons de lui un dessin fait pour Tommaso de Cavalieri, Titius gigas, à vulture laceratus, exécuté en bas-relief dans la villa Borghese, par un artiste inconnu, qui réunit au plus haut point toutes les ressources de cette éminente faculté; mais dans les oeuvres qu'il a pris soin de réaliser lui-même, c'est à coup sûr celle qui dépasse toutes les autres. Lorsqu'il exagère, il ne fait qu'agrandir la vérité, il ne la méconnaît pas.

III

La voûte de la chapelle Sixtine et le Jugement dernier, exécutés à de lointains intervalles, sont une étude curieuse sous le double rapport de l'invention et de l'exécution. Quoiqu'on y retrouve sous une forme éclatante les qualités que j'ai signalées dans la sculpture de Michel-Ange, cependant ces qualités se révèlent diversement dans la voûte et dans le Jugement dernier.

Voici quelle est la disposition de la voûte.

Michel-Ange a divisé le plafond en neuf compartimens, dans chacun desquels il a peint un sujet tiré du Vieux Testament, à savoir: 1° Dieu séparant la lumière des ténèbres; 2° Dieu créant le soleil et la lune, la terre et les fruits qui la couvriront; 3° Dieu commandant aux eaux de devenir habitables; 4° la création d'Adam; Dieu entouré d'anges étend son bras droit, comme pour communiquer à la forme créée le principe vital; 5° la création d'Ève; 6° la perte du paradis; 7° le sacrifice de Caïn et d'Abel; 8° le déluge; 9° l'ivresse et la honte de Noé.

La difficulté capitale des sujets que j'ai indiqués, c'est le caractère surnaturel des personnages. Sans doute chaque peintre, selon son génie, pourra écrire avec d'autres lignes, avec d'autres couleurs, ces poèmes dont la Bible nous a donné le scénario. Mais la première loi, la loi souveraine qui doit présider à ces inventions, c'est la simplicité. Or il est impossible de pousser plus loin que Michel-Ange, dans la chapelle Sixtine, la grandeur qui résulte de la simplicité.

Les sujets de la Genèse sont traités avec une naïveté majestueuse, à laquelle je ne puis comparer que les paroles mêmes du Pentateuque. Chacune de ces compositions, individuellement étudiées, offre des attitudes si vraies, des gestes si clairs, qu'on se demande s'il est possible que ces figures aient joué autrement le rôle qui leur est attribué.

Les sibylles et les prophètes de la chapelle Sixtine se placent d'emblée à côté du Moïse, par la majesté surnaturelle des figures; quand une fois on a vu ces étranges visages, on ne peut les oublier. Il reste au fond de la mémoire une impression d'étonnement et de frayeur qui se mêle à tous les rêves, et qui frappe de mesquinerie les plus hardies créations qu'on retrouve au réveil. L'énergie et la pensée inscrites sur chacune de ces physionomies prodigieuses sont tellement au-dessus des spectacles ordinaires, qu'on n'a plus que de l'indifférence pour la beauté purement humaine.

Mais je dois dire en même temps que ces prophètes, si admirables de tout point, semblent mal à l'aise sur le mur où les a cloués la main de Michel-Ange. Les draperies vives et tranchées, le geste précis, la silhouette découpée avec une singulière crudité, l'ampleur dégagée du mouvement, le relief entier des figures appartiennent réellement à la sculpture. Il n'y a pas un de ces prophètes qui ne fasse regretter l'absence du marbre. On a peine à croire qu'ils soient nés sous le pinceau. Et quand le spectateur est convaincu, il ne renonce pas à son premier souhait, il voudrait toucher de la main ce qu'il a touché des yeux.

On a dit que le Jugement n'avait pas d'unité centrale. Je ne partage pas cet avis. L'unité, c'est Dieu qui juge. Les lois ordinaires de la composition pittoresque ne signifient rien pour un pareil sujet. Michel-Ange a divisé le mur de la chapelle en trois zones; en cela il n'a fait qu'obéir aux traditions chrétiennes. Le Purgatoire et l'Enfer sont, il est vrai, des tableaux complets par eux-mêmes aussi bien que le Paradis; mais il y a pour cette trilogie un lien commun et indissoluble, la volonté divine.

Ce qui me frappe dans le Jugement, c'est que des morceaux entiers se traduiraient en marbre sans répugnance. Là, plus que jamais, Michel-Ange est sculpteur.

GUSTAVE PLANCHE.

MOZART

I

Si jamais vous visitez cette pittoresque ville de Prague, quand vous aurez vu le château de Hradschin, sa salle de Wratislaw, sa salle d'Espagne; quand vous aurez parcouru la chapelle de Wenceslas, placé sur votre tête le casque de ce roi-soldat, qui guérit de la migraine; quand vous aurez admiré les beaux tableaux de Lucas Cranach et de Holbein, et les statues de Canova dans la galerie Colloredo; quand vous vous serez arrêté chez les Prémontrés, devant les portraits merveilleux de Zisca et de Ragoczys; après qu'on vous aura montré, sur les dalles du cloître, les pas du prêtre qui refusa de quitter une partie d'hombre pour aller administrer un mourant, et qui revient chaque nuit jouer avec le diable; quand vos regards se seront perdus dans la vallée de Scharka et auront glissé le long de la montagne Blanche, d'où Frédéric, nommé le roi d'hiver, vint lorgner Prague d'un oeil d'envie; quand vous aurez tout vu, et les jolies filles de Wischerad, et les fraîches danseuses de file de Hetz, rendez-vous sur le Kohlmarkt, à l'auberge des Trois-Lions, et faites-vous montrer une petite chambre, couverte d'une tenture de serge en lambeaux. Puis gravissez le coteau vineux de Kosohicz, et entrez dans une modeste maison qui appartint jadis à Dussek, où vous trouverez une autre chambre aussi obscure et aussi sale que celle des Trois-Lions. Croyez-moi, Prague n'a rien de plus intéressant à vous montrer que ces deux misérables chambres. C'est là que Mozart écrivit les deux actes de son Don Juan.

A Paris, comme vous le pensez bien, on comprenait alors encore moins Mozart. Le Nozze di Figaro, traduites en français, y furent données en 1793, époque peu favorable à une pareille musique, il est vrai. Cette musique fut peu goûtée. On la trouva trop forte, trop complète, trop étendue pour un opéra-comique, trop vive et trop légère pour un grand opéra. On en était alors pour l'opéra sérieux aux idées de Quinault, et pour l'opéra-comique, à la musique de Grétry.

Mozart s'inquiétant fort peu du goût de Paris, où, disait-il, avec sa franche rudesse, on n'avait ni oreilles pour entendre, ni ame pour comprendre, s'en alla dans sa chère et belle ville de Prague, où il se mit à l'ouvrage. Son ami, l'abbé da Ponte, qui avait arrangé le poème des Noces de Figaro, imagina de fondre dans un seul sujet la nouvelle espagnole de Tirso de Molina, Il combidado de Piedra, le convive de pierre, et la comédie de Molière, connue sous le titre absurde de Festin de Pierre. Il est une vérité que je ne dois pas hésiter à dire, c'est que comme conteur, comme poète, comme poète dramatique surtout, le faiseur de sonnets da Ponte s'est montré, dans cette oeuvre, supérieur à tous ses modèles. Je n'excepte pas Molière.

" Nous avons ici un maître de chapelle nommé Mozart, qui a amené avec lui deux enfans charmans. La fille, âgée de onze ans, joue du piano d'une brillante manière; elle exécute les morceaux les plus longs et les plus difficiles avec une étonnante précision. Son frère n'aura sept ans qu'au mois de février prochain. C'est quelque chose de si merveilleux qu'on ne peut y croire qu'après l'avoir vu de ses propres yeux et entendu de ses propres oreilles. Le maître de chapelle le plus exercé ne saurait avoir une connaissance plus profonde de l'harmonie et des modulations, et il a une telle habitude du clavier, qu'en le couvrant d'une serviette, il continue à jouer sous la serviette avec la même rapidité et la même précision. "On allait donc entendre le jeune Mozart comme on allait aux tréteaux de la foire Saint-Laurent, voir le grand-diable danser au milieu d'une vingtaine d'oeufs sans casser une coquille. Plus tard, dans son second voyage, quand Mozart eut renoncé à faire des tours de force en public, personne ne daigna faire attention à l'homme qui ruminait déjà dans sa tête les Noces de Figaro et le Don Juan.

Sans l'avarice et l'amour effréné du gain qui éclatent à chaque ligne de sa correspondance, on éprouverait un vif intérêt pour ce père de famille qui entreprenait avec tant de courage ces longs voyages d'artiste avec sa femme et ses deux enfans, et qui se présentait avec tant de confiance devant les rois de l'Europe, après avoir dévotement invoqué l'appui de Dieu. Sans cette funeste souillure, ne serait-ce pas un touchant spectacle que la vue de cette petite famille, apportant sa simplicité, sa candeur, son ignorance, dans les riches salons de Vienne, au milieu du luxe et de la corruption de Versailles, à la cour d'Angleterre, ne s'occupant uniquement que de l'art, n'ayant de relations et de liens avec tout ce qui les entoure dans ces brillantes villes, que par cet art sublime qui leur ouvrait les portes des palais et leur frayait le chemin jusqu'à la table des rois. Le jeune Mozart vécut ainsi. L'exemple et les leçons de son père ne lui apprirent point à descendre des hauteurs du génie pour supputer les bénéfices que le génie peut faire en se détaillant avec sagacité. En le suivant pas à pas, on verra que son talent est resté pur de toute tache de ce genre, et qu'une fois sorti des langes où le retenait l'avarice paternelle, l'aiglon prit son vol au plus haut des cieux pour n'en descendre jamais.

II

Autrefois, quand Mozart n'était encore qu'un enfant, on voulait bien oublier avec lui les obligations de l'étiquette, mais alors il devait se regarder comme suffisamment payé de ses peines. La princesse Amélie, soeur du roi de Prusse, bonne et charmante princesse, le combla de caresses à Aix-la-Chapelle. " Mais, hélas ! écrivait le vieux père, homme sage, qui pesait attentivement la valeur de toutes choses, hélas ! elle n'a pas d'argent, et si les baisers qu'elle donnés à mon petit Wolfgang étaient autant de louis d'or; nous pourrions être contens. Encore ! ajoute le bonhomme en poussant un nouveau soupir, si les hôteliers et les postillons voulaient se contenter de baisers pour leur paiement, nous pourrions nous tirer d'affaire, car c'est la seule chose qui ne nous manque pas. "Plus tard, quand les baisers eussent tiré à conséquence, Mozart obtint de ses protecteurs un salaire un peu plus solide. L'archevêque de Saltzbourg, son maître, se montra même magnifique envers lui. Idoménée, la Clémence de Titus, l'Enlèvement au sérail, trois opéras qui furent les premiers échelons de gloire pour Mozart, le firent admettre à la table des laquais chez le prélat, et lui valurent de sa part une nomination à l'emploi de valet de chambre !

Un triste événement acheva de ravir à Mozart ce courage que son père lui recommandait. Sa mère mourut, et la douleur que lui causa cette perte augmenta encore son aversion pour Paris. Il le quitta pour n'y revenir jamais et s'en alla à Munich. Mieux accueilli cette fois, il composa son opéra d'Idomeneo qui eut un immense succès, et ne tarda pas à s'établir à Vienne, où nous l'avons trouvé dînant à la cuisine de l'archevêque, entre un laquais et un marmiton. C'est là que l'avait mené la gloire !

La mère de Mozart était déjà morte, morte sous ses yeux, quand il écrivit la lettre suivante à son père, à Saltzbourg:

Paris, le 3 juillet 1778.

" J'ai été obligé de faire une symphonie pour l'ouverture du concert spirituel, et elle a été exécutée le jour du vendredi saint au bruit des applaudissemens universels. J'ai eu grand'peur à la répétition, car de ma vie je n'avais entendu quelque chose de plus mauvais. Vous ne pouvez vous figurer la façon dont la symphonie a été égratignée et estropiée deux fois de suite. J'étais au désespoir, j'avais voulu la faire répéter encore une fois, mais il était trop tard. Il fallut donc aller me mettre au lit, le coeur inquiet, l'ame mécontente et avec colère. Le jour suivant je résolus de ne pas aller au concert; mais le soir, comme il faisait beau temps, je me décidai à m'y rendre, bien décidé, si l'orchestre marchait aussi mal qu'à la répétition, à me jeter au milieu des musiciens, à arracher l'instrument des mains du premier violon, M. Lahouse, et à diriger moi-même. Je priai Dieu de faire bien aller les choses, et ecce, la symphonie commencée, un passage que je savais bien devoir plaire réussit; l'auditoire fut entraîné et les applaudissemens éclatèrent. - L'andante plut aussi, mais surtout le dernier allégro. Comme je savais qu'ici les derniers allégros, ainsi que les premiers, commencent aussitôt avec tous les instrumens, et suivent unisono, j'avais commencé seulement huit mesures, mais piano, avec les deux violons. Là-dessus venait tout de suite un forte. Au piano, les auditeurs (comme je m'y attendais bien), firent sch ! Alors commença tout de suite le forte. Entendre le forte et applaudir fut tout un. Je m'en allai donc plein de joie, après la symphonie, prendre une bonne glace au Palais-Royal; je dis le chapelet que j'avais promis à la sainte Vierge de dire, et puis je gagnai mon lit.

" Portez-vous bien, ayez soin de votre santé, reposez-vous sur Dieu, et vous trouverez de la consolation. Ma chère mère est dans les mains du Tout-Puissant; s'il veut vous la donner encore, nous le remercierons de cette grâce; mais s'il veut la prendre, nos inquiétudes, nos peines et notre désespoir ne serviront de rien. - Abandonnons-nous avec constance à sa volonté, avec la ferme conviction qu'il n'agit jamais sans motif. "

Saltzbourg, 13 juillet 1778.
" Ma chère femme et mon cher fils !
" Je n'ai pas voulu manquer le jour de ta fête, ma chère femme. Je te souhaite des millions de bonheur, et je prie le Dieu tout-puissant qu'il te donne en ce jour la santé pour beaucoup d'années, et qu'il te fasse vivre aussi satisfaite qu'on peut l'être sur le changeant théâtre du monde. Je suis bien complètement convaincu que pour jouir d'un bonheur complet, il te manque d'avoir près de toi ton mari et ta fille. Dieu, dans sa sagesse, arrange tout pour le mieux; ainsi pensais-tu, il y a un an, que tu passerais à Paris le prochain jour de ta fête ! Aussi bien que cela, paraissait impossible, autant il est possible qu'avec l'aide de Dieu nous nous retrouvions tous ensemble; c'est là ce qui occupe mon coeur uniquement. - Etre séparé de vous, éloigné de vous, et vivre à une telle distance ! Pour le reste, Dieu merci, nous sommes en bonne santé. Nous deux, nous t'embrassons, toi et Wolfgang, un million de fois, et nous vous prions surtout d'avoir soin de votre santé.

" C'est un grand bonheur que ta symphonie du concert spirituel ait si bien réussi. Je me représente ton anxiété. - Ta résolution de te jeter sur l'orchestre, si l'exécution avait été mauvaise, n'était que la pensée d'une tête échauffée. Dieu t'en préserve ! Il faut t'appliquer à repousser toutes les pensées de ce genre qui te viennent; elles sont irréfléchies. Un tel pas te coûterait la vie, et un homme raisonnable ne met pas sa vie sur une symphonie. Un tel affront, un affront public, ne serait pas supporté, et il n'est personne, ne fût-ce même pas un Français, qui ne vengerait son honneur, l'épée à la main.

" Je lui adressais mes souhaits de bonheur au commencement de cette lettre ! - Et Nanette voulait ajouter ses souhaits aux miens, après moi; mais elle ne peut pas tracer un mot, chaque syllabe qu'elle veut écrire fait tomber des rivières de larmes de ses yeux. Prends sa place, toi son frère chéri, prends sa place auprès de ta mère pour lui dire, - mais est-il encore possible que tu prennes sa place.

" Quant à moi, tu peux être tranquille; je me conduirai comme un homme. Réfléchis, vois quelle tendre mère tu as perdue; maintenant tu apprécieras ses peines, comme un jour tu m'aimeras encore davantage quand je serai mort. Si tu m'aimes, comme je n'en doute pas, aie soin de ta santé; de ta vie dépendent ma vie et l'entretien de ta soeur qui t'aime tant. - Écris-moi tout dans le plus grand détail. Peut-être ne l'a-t-on pas assez saignée ? - Aie soin de ta santé, ne nous rends pas tous malheureux ! Écris-moi bientôt, - et tout, - quand elle a été enterrée, - en quel lieu ? - Grand Dieu ! il me faudra chercher à Paris la tombe de ma chère femme !

J'avais déjà montré Mozart enfant, je viens de le montrer dans son âge mûr; nous allons le suivre dans ses dernières années. Nous le verrons luttant toujours contre l'abjection et la misère et menant une vie pauvre et laborieuse qu'il termina, jeune encore, en exhalant pour dernier soupir son prodigieux Requiem, sublime agonie qui retentit encore dans le monde, comme le grand cri que poussa Jésus sur sa croix, et que les anges du ciel recueillirent à genoux.

III

Établi dans Vienne, échappé enfin des cuisines de son patron l'archevêque, vivant avec Gluck et Haydn, reçu chez l'archiduc Maximilien, chez les Esterhazy, chez les Galitzin, doucement influencé par l'élégance, la joie qu'il voyait régner autour de lui, recevant tour à tour les impressions les plus opposées dans ses rapports avec les bourgeois les plus paisibles et les plus naïfs du monde et cette noblesse si vive et si animée, Mozart entra comme Raphaël dans une seconde manière. Sa musique devint plus variée, plus expressive, plus philosophique. Alceste et Iphigénie, qu'il étudia attentivement, lui révélèrent à lui-même des forces cachées, qui dormaient dans son ame, et qui se réveillèrent subitement. Gluck était un Bohémien comme Mozart prétendait l'être, il avait comme lui ce don mystérieux de conception musicale que Mozart a dit souvent n'avoir trouvé jamais qu'en Bohême, et Mozart découvrit sans doute dans ses ouvrages des secrets qui resteront peut-être toujours entre eux deux. Mozart ne cache pas qu'il apprit aussi beaucoup de l'immortel Joseph Haydn, qu'il nommait son maître. Ainsi, placé entre ces deux génies, l'esprit de Mozart put librement déployer ses ailes. Il reprit joyeusement sa plume, et écrivit sans s'arrêter l'Enlèvement au sérail, les Noces de Figaro, Don Juan, la Flûte enchantée, la Clémence d e Titus, une masse énorme d'oratorios, de canons, de messes, de cantates, de symphonies, et enfin son Requiem. En ce temps-là on pouvait se donner un singulier spectacle à Vienne. Trois hommes se réunissaient de temps en temps à l'une des portes de la ville pour jouer aux quilles, grands joueurs tous trois, très âpres au jeu, mais un peu distraits, et fredonnant sans cesse tout en poussant leur boule. L'un d'eux se nommait Mozart, l'autre Gluck, et le troisième Haydn. En sortant de là, les trois amis s'en allaient écrire ce qu'ils avaient composé en jouant aux quilles. La partie de quilles avait produit les Noces de Figaro, Orphée et le fameux Stabat mater qui égale celui de Pergolèse !

Quitterons-nous ces hautes régions où s'épanouit le génie, pour révéler ses petites misères ? dirai-je que Mozart, qui avait charmé Vienne par son opéra, fut arrêté au moment de son départ pour Saltzbourg, où il voulait voir son père, non par l'enthousiasme de tout un peuple désolé de voir son musicien chéri lui échapper, mais par un créancier qui réclamait impitoyablement une dette de trente florins ? Mozart n'avait pas trente florins !

Après cela, Mozart fit les Noces de Figaro. Dites-moi lequel a montré le plus d'esprit, de Mozart ou de Beaumarchais; car nous n'en sommes plus à savoir gré à Mozart de sa haute poésie et de son génie. Mais qu'il ait lutté de malice et de gaîté avec le plus vif et le plus mordant écrivain du XVIIIe siècle, lui, lourd et épais Allemand, gauchement tombé du fond de la Bohême dans les antichambres des grands seigneurs de Vienne, qu'il ait encore plus légèrement dessiné ce minois chiffonné de Suzanne, donné un regard encore plus langoureux à la tendre et délaissée Rosine, qu'il ait fait du page Chérubin un enfant encore plus tourmenté de ses seize ans, plus ardemment dévoré d'un mal qu'il ignore, c'est là ce dont il faut s'étonner, car c'est tout au moins une chose inattendue que de trouver dans le même homme la grandeur de Corneille, la verve philosophique de Molière et la folie de Beaumarchais.

Après cela Don Juan, Don Juan !

Aussitôt après sa mort, l'inconnu se présenta dans la maison, demanda le Requiem tel qu'il était, et l'emporta. Tous les efforts qu'on fit depuis pour connaître cet homme furent inutiles.

Mozart fut enseveli dans le cimetière de l'église Saint-Marx, son corps jeté dans la fosse commune, ses ossemens confondus avec les ossemens de la classe la plus obscure et la plus pauvre; et en 1808, quand on voulut les retrouver et les placer sous une tombe digne de lui, il fut impossible de les reconnaître. Misérable fin après une misérable vie !

A. LOÈVE-VEIMARS.
Don Juan à l'Opéra

L'avènement et la haute fortune de la musique italienne en France depuis une vingtaine d'années, la réaction exercée contre la musique dramatique, telle que la concevaient Grétry et Dalayrac, qui ont fait pendant si long-temps l'admiration et la joie de la société française, l'anathème prononcé par les symphonistes contre le drame musical, nous amènent naturellement à poser cette question: Quelles sont les conditions de la musique dramatique ? Si Don Juan est un drame, et si Mozart diffère absolument, par sa manière et ses intentions, de la déclamation française et de la mélodie italienne, il doit y avoir au fond de Don Juan un secret de la plus haute importance, ignoré ou méconnu par la plupart des musiciens de France et d'Italie. Je pense, en effet, que les compositeurs français de la fin du XVIIIe siècle ont reculé inconsidérément les limites de l'expression musicale, tandis que les compositeurs italiens du XIXe ont souvent attribué à la musique une puissance trop exclusivement sensuelle.

Vouloir trouver dans la musique les moyens de traduire successivement, une à une, individuellement, les passions humaines; vouloir exprimer par les sons, non-seulement les mouvemens tumultueux de l'ame dans leur généralité la plus saisissante, mais encore les détails, et je dirai volontiers les curiosités de ces mouvemens, ce n'est rien moins, à mon avis, qu'ignorer ou trahir la mission de l'art musical.

D'autre part, ne voir dans la musique qu'une distraction plus ou moins vive, une occupation pour l'oreille et non pour le cerveau, exclure la passion de l'orchestre et de la voix, ne voir, dans la combinaison des sons, qu'un artifice ingénieux destiné à produire certaines impressions quelquefois excitantes jusqu'à l'ivresse, quelquefois voluptueuses et nonchalantes jusqu'à la somnolence, ce n'est pas une erreur moins grave.

Mais la musique dramatique, qui, loin de se prendre à la poésie et de lui servir d'organe et d'accompagnement, se propose pour modèle et pour but, comme terme dernier de ses efforts et de sa puissance, les masses instrumentales de la symphonie, moins l'unité progressive et logique, mérite-t-elle vraiment le nom de musique dramatique ? Une symphonie, découpée en choeurs, en trios, en cavatines, peut-elle devenir un opéra ? Les parties de hautbois ou de clarinette, exécutées par le gosier humain, peuvent-elles: servir à la construction d'un drame musical ? Ces questions, qui sembleront oiseuses au plus grand nombre, ont pourtant une réelle importance.

Si le drame musical ne relève directement ni de la poésie ni de la symphonie, s'il se condamne à la médiocrité dans le premier cas; si, dans le second, il n'est que l'image effacée d'une figure plus splendide et plus complète, que doit-il donc se proposer ? Sans nul doute, la passion est de son domaine, puisque la passion est l'élément primitif du drame, Toute la difficulté se réduit à savoir comment, à quel moment la passion peut se traduire sous la forme musicale.

A mon avis, la musique doit prendre la passion de première main, c'est-à-dire à son origine. Loin de confier au poète le développement et le détail du sentiment qu'elle veut exprimer, elle ne doit demander au librettiste qu'un canevas d'une trame large et flexible, qu'elle puisse broder à son gré, sans jamais craindre que la solidité du tissu fasse obstacle aux caprices de son travail. De cette sorte, on le comprend, le musicien ne doit jamais se mettre au service du poète; il doit le prendre comme un ami docile et dévoué, qui trace la route et n'y marche pas, qui désigne le sol où se bâtira le palais, choisisse le terrain où s'asseoiront les fondemens, mais ne pose pas une seule pierre de l'édifice. La musique, il ne faut pas l'oublier, est par elle-même un organe aussi complet pour la pensée que la poésie, non pas qu'elle puisse prétendre à lutter de précision et de souplesse avec la parole, lorsqu'il s'agit d'une idée à expliquer; mais je veux dire seulement qu'étant donné un sentiment à exprimer, le poète et le musicien, en choisissant chacun le côté qui convient le mieux aux ressources de leur art, pourront atteindre à la même puissance et au même succès.

Je ne conseillerais pas à un musicien d'essayer l'expression de sentimens limités et précis, comme l'ambition ou la jalousie, par exemple; et si, de nos jours, il s'est rencontré quelques esprits enthousiastes et inexpérimentés qui ont voulu écrire dans l'orchestre le journal de leurs impressions, il faut les plaindre et les blâmer, mais ne pas suivre la route aventureuse où ils se sont égarés.

Mozart me paraît avoir admirablement compris les limites de la musique dramatique. Il a écrit dans sa vie plusieurs symphonies, et beaucoup d'admirables. Il a composé pour les instrumens à cordes et les instrumens à vent des morceaux d'une facture spéciale, mais il s'est profondément pénétré des ressources et des convenances de la scène, et on n'a pas à lui reprocher, comme à Spohr ou à Beethowen dans Faust et Fidelio, d'avoir attribué à la voix humaine le rôle de l'instrumentiste et de l'orchestre.

Don Juan était un sujet difficile qui admettait et demandait l'expression de sentimens variés et distincts. Ce sujet traité selon la manière des musiciens français du XVIIIe siècle, ou des compositeurs italiens du XIXe, n'aurait pas eu le caractère musical que nous lui connaissons. Nous aurions eu une déclamation obscure ou une orgie bruyante, un récitatif morcelé ou bien une assourdissante bacchanale. Mozart n'a rien fait de tout cela. Il a mieux fait. Voyons pourquoi.

Tout en reconnaissant que le don Juan de Molière manque de grandeur et de poésie, je crois qu'il faut admettre la vérité du personnage tel qu'il l'a conçu; il a saisi le côté réel et bourgeois plutôt que le côté idéal et poétique, mais il a traduit à merveille la part qu'il avait choisie. Une seule fois, dans Alceste, il lui est arrivé de s'élever au-dessus de la comédie, mais sa pénétration moqueuse s'arrangeait mal de l'invention des rôles énergiques.

C'est pourquoi le don Juan de Molière, quoique vrai, n'a qu'une vérité partielle et incomplète.

Dans le don Juan de Byron, il y a autant de Luther et d'Erasme que de Buckingham et de Rochester. Le scepticisme dialectique glace bien souvent le libertinage effréné. Avec un personnage ainsi fait quel drame serait possible ? L'action, l'entraînement, se peuvent-ils concilier avec ce perpétuel retour sur soi-même qui concentre la meilleure partie de la vie dans le domaine de la conscience ? Quand le don Juan anglais sort des bras d'une femme, ce n'est point pour se plaindre de n'avoir pas trouvé le bonheur qu'il espérait, c'est pour railler le dénouement de l'aventure. Il ne brise pas le miroir où il a vu l'image de son impuissance; il se contente de le ternir du souffle de son ironie. C'est pourquoi le don Juan de Byron n'est pas celui de Mozart.

La débauche ainsi interprétée est une folie, mais une folie digne de compassion, une folie poétique. Le vice, et les flétrissures qu'il inflige à ses victimes, ne sont que les mouvemens tumultueux d'une âme ambitieuse qui s'est trompée de route. Elvire, Anna, Zerline ne sont plus sacrifiées seulement aux désirs d'un libertin; leurs bras qui s'ouvrent pour l'embrasser et qui essaient vainement de le retenir, n'ont pas à regretter leurs caresses, car il était sincère dans son amour comme il est sincère dans son abandon; il croyait pouvoir demeurer, et il ne le peut; il espérait étancher ses lèvres ardentes dans leurs baisers, mais sa lèvre s'est desséchée, et il a cherché des amours nouvelles. Son mépris n'est pas une injure, c'est une colère qui fait pitié, mais qui n'avilit pas.

Le don Juan d'Hoffman est très grand, c'est un type hardi, plein de douleur et de vérité, une élégie poignante et qui fait saigner le coeur; c'est une lamentation désolée sur la misère des affections humaines qui se prétendent divines, durables et heureuses; c'est un poème magnifique, semé d'austères leçons et de lugubres avertissemens. Mais avec cette donnée le drame est-il possible, et le châtiment providentiel est-il intelligible ?

Il me semble qu'Hoffman, en faisant une large part à la douleur désespérée de don Juan, fait une part trop mesquine et trop pauvre à son orgueil obstiné. On ne comprend pas assez pourquoi don Juan insulte à Dieu dans chacune de ses débauches, pourquoi il accuse le ciel de son sang attiédi et de ses désirs renaissans. Sans l'orgueil, en effet, la débauche impie de don Juan n'a pas de caractère dramatique. La douleur, la satiété, l'espérance indomptable du libertin, sont un élément d'intérêt, mais d'intérêt purement personnel. L'intérêt dramatique doit naître de l'orgueil qui persévère dans le vice, parce que l'orgueil ainsi conçu est un élément d'action et appelle la vengeance.

Dona Anna, plus belle, plus idéale, moins crédule et moins confiante, plus difficile à conquérir, lui semble une proie digne de lui; il veut l'avoir, il l'aura; pour l'obtenir, il ne reculera, ni devant l'adultère, puisqu'Elvire est sa femme, ni devant le meurtre, car il mettra l'épée à la main, si le père de dona Anna vient redemander sa fille. Le commandeur n'entre en scène que pour tomber mort aux pieds de don Juan.

La seconde maîtresse a le sort de la première: désirée, elle était sans prix; possédée, elle ne vaut plus un regard. C'est le tour de Zerline. Une jeune fiancée, pleine d'innocence et de candeur, réveille une dernière fois le coeur blasé de don Juan. Cette nouvelle ambition, d'autant plus vive qu'elle est plus singulière et plus neuve, doit se réaliser comme les autres. L'énergique volonté du libertin désespéré aura bon marché de cette vertu ignorante qui ne sait pas se défendre contre l'étonnement. L'heure de la vengeance arrive. Dona Elvire et dona Anna arrachent don Juan aux bras de Zerline.

La mesure est comblée; les hommes ne suffisent plus au châtiment de don Juan, c'est le ciel qui doit s'en charger. Don Juan répond aux solennelles menaces de la statue du commandeur par un défi hautain. Il l'invite à sa table.

La partie est perdue, mais don Juan ne veut pas lâcher pied il s'enivre joyeusement en attendant son convive de pierre; on frappe à la porte; entre le commandeur. Don Juan veut lui serrer la main. Il se sent pris dans un étau inexorable. Plus de fuite possible, la terre s'ouvre, don Juan s'abîme, l'enfer l'engloutit. Dona Elvire, dona Anna et Zerline sont vengées.

Ainsi le désespoir et l'orgueil, l'élégie et le drame, se marient dans le type de don Juan. La comédie ne suffisait pas, l'ironie n'était qu'une interprétation incomplète, la douleur de la rêverie en présence de la réalité laissait encore dans l'ombre une partie de cette ame prodigieuse. L'orgueil achève le tableau et justifie le châtiment.

La manière dont il a conçu tous les accompagnemens de ses chants sera pour les musiciens de tous les temps un sujet éternel d'admiration et d'étude. Ses parties instrumentales, sans jamais s'atténuer jusqu'à la maigreur, sont toujours subordonnées à la partie vocale, et l'enrichissent constamment sans jamais la couvrir au point de l'effacer.

La gloire de Mozart n'est pas seulement d'avoir excellé dans la mélodie, d'avoir maintenu sévèrement l'obéissance de son orchestre; cette tâche difficile à remplir n'avait pas épuisé les forces de son génie; il a voulu davantage; il a trouvé pour chacun des rôles de son chef-d'oeuvre une couleur individuelle et constante; il n'a voulu que ce qu'il pouvait, il n'a voulu que dans les limites de son art, et sa volonté s'est accomplie. Ainsi, les mélodies qu'il met dans la bouche de Zerline sont coquettes, gracieuses, légères, simples, parfois même enfantines; et ce caractère musical, une fois trouvé, ne se dément jamais. Ainsi, dona Elvira se lamente, accuse l'inconstance de son époux, lui reproche de l'avoir délaissée, mais elle ne s'élève pas jusqu'à la menace; elle mêle toujours à ses plaintes et à ses regrets les accens d'un amour méconnu qui ne renonce pas encore à un avenir meilleur. Il y a dans sa tristesse, qui s'exhale en soupirs et en gémissemens, une sorte de résignation pieuse, qui semble demander à Dieu de ramener don Juan plutôt que de le punir. Dona Anna, plus énergique, plus hardie, porte dans sa colère toute la vivacité qu'elle aurait mise dans son amour. Elle a son honneur et son père à venger. Si elle invoque le ciel, c'est pour appeler la foudre sur don Juan. Ces trois physionomies si diverses, Mozart les a si nettement dessinées, qu'il est impossible de les confondre. Sans faire acception du ton dans lequel ces différens rôles sont écrits, si l'on place par la pensée un air de dona Anna dans la bouche de dona Elvira, ou un air de dona Elvira dans la bouche de Zerlina, on s'aperçoit bien vite que Mozart a mis bon ordre à ces caprices de transposition. L'individualité des thèmes qu'il a développés pour chacune de ces trois femmes, est si profondément empreinte dans le style de sa musique, il y a dans le rhythme et la mélodie un caractère si net et si tranché, qu'on ne peut impunément faire chanter à la fille du commandeur les notes qui appartiennent à la fiancée de Mazetto.

Don Ottavio, efféminé, amoureux de lui-même, ayant à venger une maîtresse qui vaut mieux que lui, une femme qu'il aime, mais qu'il ne comprend pas, témoigne de sa faiblesse par la manière dont il exprime son dévouement. Il veut punir celui qui a souillé sa fiancée, mais on sent à sa voix tremblante qu'il espère plus en Dieu qu'en son bras.

Mazetto, par sa franche rudesse, par sa colère bourgeoise, révèle dans le musicien une richesse de simplicité qui contraste heureusement avec les rôles précédens. - Quant à Leporello, sa verve railleuse, ses craintes pour son maître, et son mépris pour les femmes que don Juan a trahies, son étonnement respectueux pour les aventures qu'il raconte, et sa superstition tremblante quand vient l'heure du châtiment, Mozart n'a rien épargné pour les exprimer. Leporello est le digne confident du maître qui le traîne à sa suite.

Il faut remercier M. Véron d'avoir pensé à naturaliser sur la scène française le chef-d'oeuvre de Mozart. Puisque, malgré son habileté que personne ne conteste, il n'a pas pu trouver un opéra pour la saison, puisque l'auteur de Guillaume Tell ne se décide pas à écrire pour nous une partition nouvelle qui grossisse la liste déjà si glorieuse de ses inventions, c'est une heureuse idée d'avoir songé à rajeunir par la pompe des décorations, par la richesse des costumes, un drame musical du premier ordre qui s'en passerait bien, mais qui n'a rien à y perdre. Les magnificences que M. Véron a déployées lundi dernier sur notre scène lyrique serviront à populariser la gloire de Mozart. Le public français, si renommé dans toutes les capitales de l'Europe pour la finesse de son goût et la sagacité de ses jugemens, ne renonce pas volontiers au plaisir des yeux: il n'en est pas encore venu à aimer la musique pour elle-même. M. Véron le sait bien, et il s'est prêté de bonne grâce aux caprices de l'hôte qu'il avait invité. Paris n'est pas encore à la hauteur de Naples ou de Berlin, il juge la musique plus sévèrement que l'Allemagne et l'Italie, mais il se défie de lui-même et se consulte long-temps avant de se prononcer. Il faut donc n'épargner rien pour le circonvenir et l'attirer. L'ouverture a été bien rendue. Le final du second acte a été exécuté avec une vigueur et une précision qui ne laissent rien à désirer. Les masses vocales étaient bien conduites et chantaient comme une seule voix.

L'ÉCOLE ANGLAISE EN 1835 – EXPOSITION DE SOMMERSET-HOUSE

L'école anglaise en 1835 – Exposition de Sommerset-House

S'il fallait juger l'école anglaise d'après l'exhibition de cette année, sans tenir compte des précédens, on risquerait de prendre des conclusions trop sévères. Aussi je m'abstiendrai, en jugeant les artistes éminens qui ont envoyé leurs ouvrages à Somerset-House, de limiter ma pensée aux seules toiles que j'ai sous les yeux. Les plus heureux génies, on le sait, ont leurs bons et leurs mauvais jours; le privilége des jours pareils n'est accordé qu'à la médiocrité.

Christophe Colomb, le compas à la main, explique sur une carte, au prieur du couvent de Santa-Maria Rabida, la théorie sur laquelle il fonde ses espérances. A droite du prieur Garcia, Fernandez, médecin érudit, capable de comprendre les plus hardies conjectures, écoute avec une attention respectueuse les paroles qui se pressent sur les lèvres du navigateur génois; derrière lui Martin Alonzo Pinzon rêve à la gloire de l'entreprise qu'il aida de son courage, et qu'il trahit ensuite lâchement; à gauche de Christophe Colomb, son fils Diego, âgé de huit ans, se tient debout, et regarde la carte avec une curiosité distraite. Tout cela est bien entendu, chacun est à sa place, et pas un des acteurs ne manque à son rôle. La tête de Colomb est grave et pensive, celle du prieur intelligente et rusée, celle de Garcia attentive et sérieuse, celle de Pinzon ardente comme au milieu des combats, qu'elle semble appeler. Mais le dessin de ces têtes manque de largeur et d'unité; les coups de pinceau, multipliés à l'infini, donnent à l'ensemble de la toile un caractère petit et mesquin. Sans doute les physionomies qui sont devant nous ont préexisté dans le cerveau de Wilkie, telles que nous les

31

voyons aujourd'hui; il faut laisser aux artistes médiocres le reproche d'inconséquence et d'instabilité; mais en admettant la permanence et la continuité de cette création, nous ne perdons pas le droit de blâmer ce qu'il y a dans l'exécution de successif, de mou, et parfois même de trivial.

Je reproche à la couleur de ce tableau une teinte grise, qui se trouve peut-être dans la nature écossaise, mais que le peintre aurait pu corriger sans être accusé de tricherie. Les animaux qui, sur cette toile, ont une importance égale, sinon supérieure, à celle des personnages, sont bien dessinés, mais manquent généralement de solidité. Les taureaux, les génisses et les brebis offrent des ligues vraies, des plans bien ordonnés; mais leur peau ne semble pas soutenue, comme elle devrait l'être, par la charpente osseuse. Je ne crois pas que cette remarque soit puérile, et malheureusement elle s'applique à la plupart des ouvrages de Landseer. Il ne se délie pas assez de la facilité de son pinceau. Il fait vite et bien. En travaillant plus lentement, il ferait mieux encore.

La peinture de portrait est représentée cette année par MM. Shee, Pickersgill et Morton. Ce n'est pas la monnaie de Lawrence. Les deux miniatures envoyées par Rochard sont tellement au-dessous de ses bons ouvrages, qu'il y aurait de l'injustice à le juger sur l'exhibition de 1835. Je préfère de beaucoup, dans tous les cas, les miniatures de Mme de Mirbel, et ce que j'ai vu cette année à Somerset-House n'est pas de nature à me faire changer d'avis.

Le portrait de Wellington par M. Pickersgill est assurément très supérieur à la toile précédente. Je ne veux pas dire pourtant qu'il soit bon; mais il faut rendre justice aux efforts de l'artiste il a cherché dans la disposition du vêtement dans l'attitude de la figure, autre chose que la réalité plate et triviale. C'est une intention louable, et dont il faut le remercier. M. Pickersgill s'est souvenu de Van-Dyck et de Joshua Reynolds. La volonté ne lui a pas manqué pour atteindre ces deux grands maîtres. Il est resté bien loin au-dessous d'eux, mais il faut lui tenir compte de son ambition. C'est aujourd'hui, à tout prendre, le plus habile portraitiste de l'Angleterre. Il n'a rien à faire avec M. Hayter, que nous avons vu à Paris rivaliser avec les porcelaines de Kinson. M. Pickersgill prend au sérieux tout ce qu'il fait. Il ne néglige aucune partie de ses tableaux; il combine avec une attention patiente le geste, le regard et le costume de ses modèles; il mesure toute la difficulté de sa tâche, et s'il ne l'accomplit pas tout entière, du moins il peut savoir aussi bien que personne ce qui manque à l'achèvement de ses ouvrages.

Je préfère à cet ouvrage un autre portrait du même auteur, celui de sir Bryan Holme. Cette dernière toile se compose bien, et se distingue par une remarquable gravité. La tête, studieuse et recueillie, regarde sérieusement, et n'a rien de cette tracasserie procédurière qui trop souvent domine la physionomie des jurisconsultes.

La couleur des portraits de M. Pickersgill, sans être éclatante, n'est cependant pas mauvaise. Elle n'est ni hasardée, ni criarde; elle est sobre, et se reprocherait volontiers les teintes crues et tranchées comme une étourderie ou plutôt comme une improbité.

M. Morton a peint, pour le Naval-Club, un portrait de Wellington dans l'attitude d'un héros de mélodrame. C'était bien assez d'avoir placé sous les fenêtres de S. G. une statue d'Achille, fondue avec les deniers des dames anglaises. Il y avait, dans cette apothéose à bout portant, une magnificence de ridicule qui semblait avoir épuisé la raillerie. M. Morton a cru qu'il pouvait lutter dignement avec le piédestal de Hyde-Park; il a mis sous le bras droit de S. G. un canon qui voudrait menacer la foule, mais dont la couleur inoffensive simule plutôt le bois que le bronze. Si le noble duc n'a pas d'autre épouvantail que cet innocent canon pour balayer l'émeute qui lapide son palais, je le plains de toute mon âme.

Dans la toile de M. Morton, S. G. n'a pas de manteau sur les épaules; mais, en revanche, elle a au-dessus de sa tête un ciel nébuleux, et qui, sans doute, cache dans ses profondeurs de terribles orages. Faut-il attribuer au ciel de M. Morton une valeur allégorique ? Le peintre a-t-il voulu signifier à l'Angleterre mutinée que S. G., radieuse et paisible, irait d'un oeil serein et d'un pas assuré au devant des dangers qui menacent la patrie ?

Entre ses tableaux de cette année, il en est deux surtout qui peuvent servir à caractériser sa manière. Je ne parle pas de son Incendie du parlement, qui ne ressemble pas à une oeuvre sérieuse; c'est tout au plus un jaune d'oeuf répandu sur une nappe. Mais le Tombeau de Marceau et la Madonna della Salute, à Venise, réunissent au plus haut degré toutes les qualités éparses dans ses autres ouvrages. La première de ces deux compositions est empruntée au troisième chant du Pélerinage. J'ignore si les touristes familiarisés avec les environs de Coblentz et la brillante pierre d'honneur – Ehrenbreitstein - retrouveront dans cette toile un souvenir quelque peu vraisemblable de leurs voyages; mais pour moi, je l'avoue, il m'est impossible de croire qu'un pareil paysage ait jamais existé ailleurs que dans le royaume des fées. Je ne dis rien des figures, qui sont informes et grossières. La plus importante des publications de Turner, l'Angleterre et le pays de Galles, nous avait appris dès longtemps que les soldats et les bergers ont à ses yeux moins d'importance qu'un tronc d'arbre ou un caillou. Je suis très disposé à traiter avec indulgence de pareilles peccadilles, quoiqu'il dût s'imposer au moins une grande avarice dans l'emploi des figures. Mais comment qualifier les montagnes qui servent de fond à cette toile ? Est-ce de l'or, de l'acajou, du velours ou du biscuit ? La pensée se fatigue en conjectures et ne sait où s'arrêter. Le ciel où nagent les lignes de l'horizon est lumineux et diaphane. Mais ni l'Espagne, ni l'Italie, ni les rives du Bosphore, n'ont pu servir de type à Turner pour la création de cette splendide atmosphère.

La Madonna della Salute, soumise à une analyse sévère, provoquerait à peu près les mêmes remarques. Seulement, dans cette dernière composition, la fantaisie n'est pas aussi singulière.

C. Stanfield, avec moins d'abondance et de fécondité que Turner, obtient des effets plus sûrs. Il ne métamorphose pas aussi despotiquement les points de vue semés sur sa route. Le paysage qu'il a contemplé pendant quelques heures, prend possession de sa pensée, et laisse dans sa mémoire des lignes profondes et ineffaçables. Comme Stanfield procède plus lentement, comme il ne s'est pas fait de l'improvisation un devoir constant et inflexible, il est naturellement amené à une plus grande variété; et la variété chez lui n'est que la bonne foi du souvenir. Une scène près de Livenza, dans le golfe de Venise, atteste dans l'auteur une étude à la fois heureuse et sévère du pays qu'il a visité. Les lignes perspectives, sans être cernées mesquinement, permettent cependant à l'oeil de les parcourir et de les embrasser. La couleur de Stanfield, sans avoir l'éclat de celle de Turner, est cependant d'une gamme assez élevée.

W. Daniell est plus à l'aise dans les sujets inanimés. Ainsi, la Citadelle d'Agra vaut mieux que la Chasse au tigre. Le caractère de l'architecture et de la végétation est fidèlement saisi, et il règne sur toute la toile une harmonie de lignes et de tons qui exclut la bizarrerie. Je ne sais pas dans quelle intention l'auteur a cru devoir ajouter sur le livret que cette citadelle, d'après les mémoires autobiographiques de l'empereur Jehanguier, avait coûté 26,550,000 livres sterling. Il aurait pu se contenter de nous dire que cette vue était prise du palais en ruines d'Islaum Khan Rami: le prix de la citadelle n'ajoute rien à sa beauté; et sans doute, parmi les visiteurs de Somerset-House, il n'y en a pas un qui soit en mesure de profiter de ces renseignemens.

Les aquarellistes de Pall-Mall-East sont pour Somerset-House une rivalité dangereuse. Non pas qu'il n'y ait dans Pall-Mall une grande profusion de riens, magnifiquement encadrés, tout aussi bien qu'à Somerset-House; mais Prout, Harding, et surtout G. Cattermole, Cophy Fielding et John Lewis, ont exposé de véritables chefs-d'oeuvre. Les aquarelles de Pall-Mall ne ressemblent aucunement aux joujoux accrochés à Paris à l'extrémité de la galerie des trois écoles. Il y a plus de vraie peinture dans ces aquarelles que dans la plupart des toiles de nos salons annuels,

G. Cattermole est un artiste consciencieux qui se plaît surtout dans la représentation patiente des détails; il sait, par la finesse de l'exécution, donner de l'intérêt et de la grace aux moindres choses. Une étude d'armure exposée dans Pall-Mall, est un morceau achevé. L'Abbé et la Toilette de la mariée soutiennent dignement la comparaison.

Un moine de Séville prêchant pour son couvent a fourni à Lewis l'occasion de révéler une nouvelle face de son talent. La crédulité superstitieuse, l'ignorance effrayée, la confiante espérance, l'aveugle soumission, exprimées par l'auditoire, donnent à cette scène un caractère de vérité, je dirais presque d'authenticité; le prédicateur parait profondément pénétré, non pas de ce qu'il dit, mais de la nature grossière des intelligences qu'il manie. Il n'enseigne pas, il épouvante. Il n'essaie pas de rassurer les ames tremblantes, de ramener au bercail les brebis égarées, de convertir la débauche ou d'éclairer les ténèbres; il ne tente pas d'ouvrir le ciel à l'oisiveté impénitente: il menace de l'enfer les aumônes paresseuses. Il y a dans son geste quelque chose d'impérieux et de militaire. C'est une création que Salvator n'eût pas dédaignée.

Je reviens à, Somerset-House, et j'entre dans la salle de sculpture. C'est la partie la plus triste et la plus faible de l'école anglaise. Flaxman est mort, et Chantrey n'a rien envoyé.

La Prière, figure en marbre par Westmacott, témoigne d'une remarquable habileté de ciseau; mais ce n'est pas un bon ouvrage. La tête n'a rien de l'élévation idéale qu'on voudrait y trouver; c'est une femme agenouillée, rien de plus. Je me suis demandé pourquoi l'artiste, au lieu de choisir des traits jeunes et purs, des lignes simples et grandes, avait modelé si patiemment un visage de trente ans environ, osseux et sévère; pourquoi, lorsque, dans la nature ou dans les modèles antiques, il avait de si nobles profils, il avait capricieusement adopté une silhouette sèche et revêche, et je n'ai pu, je l'avoue, deviner les motifs de sa détermination. J'ai surtout étudié avec soin le nez de cette tête; c'est à peu de chose près celui de la Dauphine; cette comparaison en dit assez. Les orbites et les paupières sont conçues d'après le même principe. C'est peut-être la copie littérale d'une femme renommée dans un comté de la Grande-Bretagne pour la ferveur et la sincérité de sa dévotion, et si cela est vrai, il y a quelque lieu de croire que la famille et les amis du modèle doivent savoir gré à l'auteur de sa fidélité mais pour nous, qui ne sommes pas dans le secret, notre indulgence désintéressée ne peut aller jusqu'à l'admiration. Une figure allégorique n'a rien à faire avec les détails mesquins de la réalité. Destinée à résumer sous une forme élégante un sentiment ou une idée, elle ne vaut rien dès qu'elle se rapproche trop évidemment des impressions quotidiennes. Ce que je dis du visage de cette statue, je pourrais le dire avec une égale justice des mains et de la draperie. Les plis jetés sur les épaules de cette femme enfouissent le corps et ne le dessinent pas: c'est peut-être les plis d'un plaid exactement copiés, observés et, reproduits avec une scrupuleuse attention; pour moi, Je n'y vois rien de souple ni de gracieux, rien qui appartienne naturellement au domaine de la sculpture. Dans cet ouvrage de Westmacott, je n'aperçois ni la simplicité antique, ni la rudesse austère du moyen-âge, ni la coquetterie de la renaissance, mais seulement: une trivialité laborieuse.

Un buste en marbre de lady Sydney, par le même, confirme victorieusement ce que je disais tout-à-l'heure en parlant de Baily. La tête sculptée par Wyatt offre un des types les plus gracieux et les plus purs que je connaisse. C'est un portrait, mais qui vaut tout un poème: la ligne du front et le plan des joues sont d'une finesse délicieuse. Les yeux regardent et les lèvres sourient. Les cheveux, noués à l'antique, sont rendus avec une grande simplicité. Le cou s'attache bien, et ne pèche ni par la rondeur ni par la sécheresse. J'aime mieux le buste que le bas-relief.

M. Hollins, dont le nom n'était pas venu jusqu'à nous, a prouvé, dans un buste d'enfant, qu'il mérite la célébrité. Le portrait de T. Villiers Lister, fils de T. H. Lister, esq., est un chef d'oeuvre de grace et de fraîcheur. Les lèvres et les joues sont d'une vie frémissante. Les cheveux, travaillés dans un goût qui n'est pas commun chez les sculpteurs d'aujourd'hui, bouclés et distribués ingénieusement, semblent jouer au vent, tant ils sont fins et légers.

Wilkie, Landseer, Turner et Stanfeld sont des artistes éminens, des talens ingénieux, exercés, des hommes d'une remarquable habileté, sûrs d'eux-mêmes et de leur volonté, dont la main ne trompe jamais la pensée; mais leur pensée s'élève-t-elle bien haut ? Lewis, Cattermole et Copley Fielding savent choisir admirablement et traduire avec une exquise finesse le sujet de leurs études; mais le cercle de leurs travaux est-il bien large et bien varié ? Shee et Morton sont d'une médiocrité officielle. Le savoir et la persévérance de Pickersgill ne feront jamais de lui un grand peintre.

Dans la statuaire, Baily, Westmacott et Wyatt suffiraient-ils à fonder la gloire d'un pays ? Faut-il chercher dans un buste de Rollins les élémens d'une conjecture glorieuse ? Un seul homme répond pour l'Angleterre, c'est Chantrey. La statue de James Watt, placée dans Westminster-Abbey, est un grand et bel ouvrage. Pitt et Canning n'ont pas rencontré dans le ciseau de Chantrey un interprète aussi heureux; mais il y a dans la seule tête de Watt plus de vraie sculpture que dans tous les tombeaux de Westminster-Abbey, si pompeusement admirés. Pour cette seule tête, je donnerais de grand coeur toutes les oeuvres de Roubilliac et de Schecmakers.

A l'heure qu'il est, la France n'a pas un homme comme Goëthe ou Byron; mais, dans la peinture et la statuaire, elle tient dignement sa place entre l'Allemagne et l'Angleterre. Aujourd'hui l'école allemande est à Rome, personnifiée dans Cornelius et Overbeck. L'abondance ingénieuse et la gravité savante de ces deux artistes ont obtenu en Europe la popularité qu'elles méritaient; mais le plus grand des deux, Overbeck, n'est pas inventeur. Comme l'illustre auteur de l'Apothéose d'Homère, il remonte jusqu'à Raphaël, souvent jusqu'au Pérugin; à moins que les Arts placés sous la protection de la Vierge, encore inachevés, ne viennent révéler dans Overbeck une manière nouvelle et inattendue, sa gloire n'ira pas au-delà de l'identification: il continuera le XVIe siècle, il n'aura pas de place marquée dans l'histoire de son temps.

La France est plus heureuse. Delacroix et Decamps n'ont rien à envier à Wilkie ou à Landseer; s'ils n'ont pas atteint, dans l'exécution, à la simplicité des deux artistes anglais, ils rachètent ce défaut apparent par la variété de leurs tentatives. Leur pensée ne s'arrête pas, et nous pouvons tout espérer d'eux.

Dans le portrait, Champmartin domine de bien haut le savoir pénible de Pickersgill.

Dans le paysage, Paul Huet, Cabat, Godefroy Jadin, Marilhat et J. Dupré peuvent regarder sans humiliation Turner, Stanfield et Copley Fielding. Huet, dans la dernière exposition de Paris, s'est montré supérieur à Turner de tout l'intervalle qui sépare l'imagination poétique de la fantaisie puérile. Turner, quoi qu'il fasse, soit qu'il continue les débauches désordonnées de son pinceau, soit qu'il essaie de se renfermer dans une sobriété laborieuse, ne composera jamais rien comme une Soirée d'automne.

Oui, je suis fier de la supériorité de la France; la critique ne perd pas ses droits en proclamant ce triomphe, mais l'étude et les voyages imposent à ses regrets une sévérité plus indulgente.

GUSTAVE PLANCHE,
Londres, Ier juin.